고래책빵 그림동화 6

달려가는
참나무

● **금관이야 _ 박미애**

충북 청주에서 태어나 청주대학교 영어영문학과를 졸업하였다.
2009년『내륙문학』에 동화를 발표하면서 작품활동을 시작하였다.
현재『내륙문학』『무시천문학』동인으로 활동하고 있다.
저서로『악어 찌빗』이 있다.

달려가는 참나무

펴낸날 2019년 5월 5일

글 그림 금관이야

펴낸이 주계수　|　**편집책임** 이슬기　|　**꾸민이** 이슬기

펴낸곳 고래책빵　|　**출판등록** 제 2018-000141 호
주소 서울시 마포구 양화로 59 화승리버스텔 303호
전화 02-6925-0370　|　**팩스** 02-6925-0380
홈페이지 www.bobbook.co.kr　|　**이메일** bobbook@hanmail.net

© 금관이야, 2019.
ISBN 979-11-89879-03-7 (77810)

※ 이 도서의 국립중앙도서관 출판시도서목록(CIP)은 e-CIP 홈페이지(http://www.nl.go.kr/cip)에서 이용하실 수 있습니다.
　(CIP 2019015123)

※ 이 책은 저작권법에 따라 보호받는 저작물이므로 무단전재와 복제를 금합니다.

※ 이 책은 2019년 충북문화재단기금을 지원받아 발간되었습니다.

고래책빵 그림동화 6

달려가는 참나무

글·그림 금관이야

인어 공주는
왕자님을 만나기 위해
다리가 필요했다
**낭게는 왜
뿌리를 자르면서까지
다리가 필요했을까?**

비가 잠깐 내릴 땐 여우 시집갈 때
한나절 내릴 땐 늙은 부모님 두고 처녀 시집갈 때
온종일 내릴 땐 어린아이가 저 세상으로 건너갈 때란다.

하루 종일 비가 내렸다. 원주민들이 환영해주는 북소리처럼 '두둥두둥' 땅이 울렸다. 나뭇잎으로 기어가던 개미들이 말했다.
"흐음, 우주에서 내려오는 강줄기야."
굴속 뱀들이 중얼거렸다.
"스음, 바닷속으로 가라앉겠다는 말이군."
구룡산 두 개의 무덤 옆에 있는 낭개가 속삭였다.
"으갸갸, 그 날이었지…"

그 날 작은 참나무, 낭게는 혼자 동그마니 서 있었다. 길 건너 햇빛 잘 드는 구릉에는 커다란 참나무들이 떼 지어 있었다. 아홉 마리 용들이 살았다는 구룡산은 이제 덩치 큰 참나무들 세상이었다.
  오렌지 바구니에 끼어있는 방울토마토처럼 낭게는 외로웠다. 털 빠진 고양이처럼 작고 볼품없는 자신이 한심했다.

　주위를 둘러보았다. 듬성듬성 수풀들이 불량학생들처럼 머리를 맞대고 있었다. 버려진 이불처럼 쭈글쭈글한 밭이 납작 엎드려 있었다.
　"휴우…."
　한숨이 터져 나왔다. 한숨은 검게 빛나는 돌멩이 같았다. 물결에 만질만질해진 조약돌처럼 숨결에 닦이고 닦인 한숨이 공중을 날았다. 그리곤 '풍덩' 물수제비처럼 숲으로 퍼져 나갔다.
　바람이 돌아보았다. 풀들이 고개를 들었다. 납작 밭이 허리를 폈다.
　그때였다.

아기의 웃음소리가 들렸다. 낭게는 쫑긋 가지들을 뻗었다. 큼지막한 가방을 든 할아버지와 아기를 업은 할머니가 걸어오고 있었다. 아기는 찰랑이는 물속에서 방금 나온 햇살같이 웃고 있었다.
"까르륵."
갑자기 낭게는 두근거렸다. 낭게의 얇은 몸통이 떨렸다. 바람이 슬쩍 다가오더니 툭툭 쳤다.
'정신 차려!'
낭게는 가느다란 가지들을 부르르 흔들었다. 할아버지의 옷자락이 조금 펄럭였다.

"쉬었다 갑시다."
할아버지가 낭게 밑에 앉으시며 말씀하셨다.
"어이쿠. 까꿍. 우리 애기 답답했쟈?"
할머니가 포대기를 풀었다. 암탉에서 '톡' 떨어지는 달걀처럼 작은 아기가 나왔다. 할아버지는 품속에서 쌀 과자를 꺼내 아기에게 주었다. 새끼 새처럼 아기가 입을 벌리며 엉덩이를 들썩였다.
"딸랑 딸랑"
아기는 손에 들고 있던 딸랑이를 낭게에게 내밀었다.
낭게는 속으로 놀랐다.
'나에게 손을 내밀어 주다니…'
이제껏 낭게를 먼저 잡아준 이는 아무도 없었다.

낭게는 아기를 쓰다듬어주고 싶었다.
나뭇가지를 뻗었다.
'후두둑' 도토리가 떨어졌다.
'또르륵' 도토리가 굴러갔다.
'까르륵' 아기가 따라갔다.
아기는 기어가다 낭게 앞에 멈추었다.
낭게를 바라보았다.

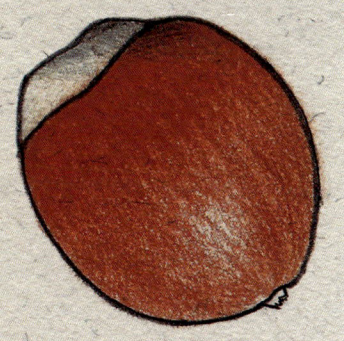

"으갸갸…."
 아기가 말을 걸었다. 낭게는 어찌할 바를 몰랐다. 나뭇가지를 흔들어 주었다. 아기의 머리카락이 날렸다. 수줍은 낭게의 대답이었다.
 "으갸 으꺄 으까꺄?"
 아기는 손에 들고 있던 과자를 낭게에게 문질렀다. 통통한 아기의 손바닥이 낭게를 감 쌌다. 따뜻했다. 땀과 침으로 축축한 아기의 체온이 느껴졌다.
 아기의 선홍색 손바닥만큼이나 낭게도 붉어졌다. 갑자기 온 우주가 공기로 가득 찬 풍 선처럼 둥둥 떠올랐다.

　할아버지 할머니는 불량배를 쫓아내듯 수풀을 깨끗이 정리하셨다. 납작해진 밭고랑도 흙으로 통통하게 채우셨다. 아기가 손이라도 다칠까 낭게의 잔가지들도 다듬으셨다.
　토실토실해진 밭에는 고추며 들깨 콩들이 자라났다. 미용실에 다녀온 듯 말쑥해진 낭게 밑에는 돗자리를 깔아 아기 놀이터로 삼으셨다.

할아버지는 늘 말씀하셨다.
"참낭게 밑에서 놀고 있구려."
그리곤 밭으로 나가셨다. 아기가 잠들면 할머니도 할아버지를 도왔다.
낭게는 행복했다. 낭게가 단정해진 뒤로 다람쥐들과 새들이 들락거렸고 달콤한 과자 냄새에 모여든 개미들과 애벌레들 때문에 더 이상 외롭지 않았다.
낭게는 아기의 잠든 모습을 내려다보았다. 조용히 그늘을 만들어 주었다.

그러던 어느 날 낭게 밑에 사람들이 웅성웅성 모여들었다. 사람들은 구덩이를 파고 할머니를 바라보았다. 할머니는 아장아장 걷는 아기와 함께 새하얀 쌀 과자를 구덩이 속에 넣었다.
"하부지, 까까? 맛있어…."
아기가 할머니를 보자 할머니는 빨개진 눈을 닦으며 웃으셨다.
"오냐, 오냐. 우리 손주 착하다."

할머니는 이제 7살이 된 원이와 밭을 가꾸셨다.
"우리 원이 좋아하는 옥수수도 심고, 밥에 넣을 강낭콩도 심고, 과일 낭게도 심어야 하는데…. 살구 낭겔 심어줄까? 복송 낭겔 심어줄까?"
할머니는 노래하듯 중얼거리셨다.
원이도 쫄래쫄래 할머니 뒤를 따라가며 소리쳤다.
"할머니 할머니이… 빵은? 과자는?"
그러면 할머니가 대답했다.
"빵 낭게도 심고, 과자 낭게도 심고…"
원이가 원하는 것들은 나무처럼 자라났다. 상추는 씽씽, 옥수수는 쑥쑥, 고추들은 무럭무럭…. 기운 센 천하무적 터닝메카드처럼 밭은 힘이 넘쳐났다.
하지만 할머니는 감기 걸렸을 때의 원이처럼 자꾸만 누우셨다. 눈에는 눈물이 고였다. 얼굴은 점점 더 검어지셨다.

원이가 학교에 입학하기 전 낭게 밑에는 다시 구덩이가 파였다.
나란히 선 두 개의 무덤이었다.

원이의 큰엄마 큰아빠라는 사람들이 들이닥쳤다. 작은 집은 개미들에게 파헤쳐진 잠자리의 사체처럼 산산조각으로 흐트러졌다. 큰아빠와 큰엄마는 통장과 보험 증권을 챙겨 원이를 데리고 낭게 밑을 지나갔다.

원이가 가던 길을 멈추고 뛰어왔다.

"원이야! 쓸데없이 나무는 왜 어루만지고 있어? 빨리 안 와?"

큰엄마의 목소리가 앙칼졌다.

낭게는 울음을 꾹 참고 바람 소리에 숨었다.

"웅… 웅…."

"제발 원이야… 아기야… 잘 지내…."

   밭은 이제 잡초투성이였다. 낭게는 여름내 나뭇가지를 뻗지 않았다. 웅덩이에 빠진 라푼젤의 머리카락처럼 나뭇가지들이 축 늘어졌다. 바람이 매일 낭게에게 와 주었다. 바람은 아무 말 없이 낭게의 가지들을 쓰다듬어주고 갔다.
   짱짱한 가을 햇살은 넉넉하게 낭게를 덮어 주었다. 마법사의 보자기처럼 스르르 낭게의 슬픔이 사라져 갔다. 낭게는 조금씩 기운을 차리기로 했다.
   벌들이 봄에 집을 지었고 도토리를 기다리는 다람쥐들도 있었다. 겨울 준비로 바쁜 다람쥐들에게 푸짐한 선물을 주고 싶었다. 언젠가 원이도 굴러가는 도토리들과의 장난이 그리워 들를 거라고 믿었다. 낭게는 도토리들을 꼬옥 안았다.
   원이가 더욱 보고 싶은 가을이었다.

아침부터 비가 내렸다. 낭게는 다 익은 도토리들을 떨어트렸다.
'도르륵 푸덕 푸덕' 빗소리와 도토리 구르는 소리가 원이를 생각나게 했다.
그때 사람들의 발소리가 들렸다. 원이 큰아빠 큰엄마였다. 검은 비닐봉지를 메고 낭게 밑으로 왔다.
"빨리 파요."
큰엄마의 재촉에 큰아빠가 젖은 나뭇잎들을 헤집고 땅을 팠다.
작은 구덩이가 만들어지자 비닐봉지를 넣었다. 큰아빠가 주머니를 뒤져 딸랑이를 꺼냈다. 머뭇거리며 검은 비닐봉지 위에 딸랑이를 놓았다.
"참, 뭐하는 거예요? 시간 없다니까."
큰엄마가 눈을 치켜떴다.
큰아빠는 삽을 들어 검은 봉지 위로 흙을 부었다. 떨어지는 흙덩이들 밑에서 딸랑이가 희미하게 흔들렸다. 아주 작은 종소리가 났지만 큰아빠는 무시했다. 입을 꾹 다물고 흙으로 덮어버렸다.

   큰아빠 큰엄마는 떠났다. 세상은 어둠에 잠겼다. 온종일 내린 비로 나뭇잎마다 물방울이 맺혔다. 물방울들은 어둠 속에서 죽은 듯했지만 아침이 다가오고 해님이 솟아오르자 붉은색으로 변했다.
   '피, 땀, 눈물.'
   물방울들이 서서히 낭게에게 스며들었다. 부드러워진 흙들이 조금씩 옆으로 움직였다. 낭게는 울부짖었다.
   '우우우 으으으'
   낭게의 뿌리가 땅속에서 꿈틀거렸다. 힘껏 흙을 뚫고 나아갔다. '딸랑' 뿌리가 딸랑이에 닿았다.

'내 뿌리가 다리로 변했으면…'
낭게는 간절하게 기도했다. 나무줄기를 타 타 타 뛰어오르던 다람쥐가 눈을 동그랗게 뜨고 멈추었다.
"뭐라고?"
다람쥐의 꼬리가 한껏 부풀어 올랐다.
"다리?"
낭게의 잎사귀들이 요란하게 흔들렸다.
"우우우…"
"으으으…"
조용했던 땅속 세상. 아기로 태어날 씨앗들을 재우고 땅 엄마는 뿌리들을 어루만졌다. 긴 뿌리 잔뿌리…, 제각각 흩어졌던 뿌리들을 가지런히 모았다. 다듬고 잘라냈다.
"우우우… 으으으."
땅 엄마는 힘을 주었다. 팽팽해진 땅 엄마의 살을 뚫고 기다란 다리가 '쑤욱쑤욱' 올라왔다.
온통 피처럼 붉은 황토 살을 뚫고 나왔다. 다람쥐가 벌떡 일어났다. 개미들이 일제히 행진을 멈추었다. 애벌레들이 얼굴을 들었다.
"다리!"
모두 입을 모아 합창했다.

낭게는 다리를 들어 보았다. 조심스럽게 서 보았다. 나뭇가지들이 땅에 닿을 듯이 치렁치렁했다. 비틀거렸다.
"조심해!"
다람쥐가 달려왔다. 그리곤 이리저리 마구 뻗친 나뭇가지들을 칡넝쿨로 묶어 주었다.
"자아 이제 달려봐!"
다람쥐가 주위를 둘러보며 말했다.
"우리도 함께 갈게."
애벌레들이 끄덕끄덕했다.
벌들이 부웅부웅 거렸다.
새들이 짝짝 외쳤다.
"달려가 짝! 달려가 짝!"
낭게는 다리를 뻗었다.
"쿵!"
할머니 할아버지가 가꾸셨던 밭이 울렸다.
"쿵!"
온 산이 울렸다.

    거리는 반짝이는 전구들로 눈이 튀어나올 지경이었다. 벌집에서 벌들이 나왔다. 다람쥐들이 동그란 눈을 이리저리 돌렸다.
    낭게의 모습은 괴상했지만 아무도 신경 쓰지 않았다. 무심히 지나가기에 바빴다.
    낭게는 유리문을 바라보았다.

사람들로 붐비는 가게 안에서 원이의 큰아빠와 큰엄마가 보였다. 검은 기계 앞에 앉아있는 큰아빠는 충혈된 눈으로 숫자들을 바라보고 있었다. 불룩한 가방을 옆으로 메고 큰엄마는 큰아빠에게 소리치고 있었다.

"얼른 당겨!"

"지금!"

큰아빠는 두툼한 손으로 숫자들을 꾹꾹 눌렀다. 잠시 기계가 요란한 소리들을 내더니 '다음 기회에 찾아 주세요' 외쳤다.

큰아빠가 기계를 쳤다. 큰엄마도 기계를 쳤다. 사람들이 모여들었다.

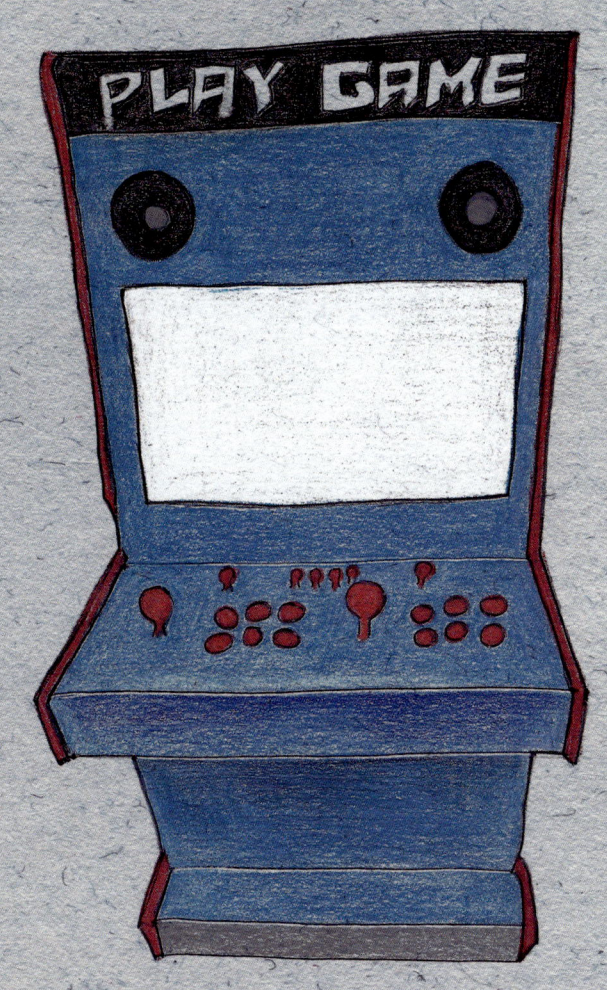

낭게는 품속에서 딸랑이를 꺼냈다. 두 팔을 높이 들었다.
"딸랑딸랑"
온 세상이 멈춘 듯했다. 딸랑이 소리는 기계 소리를 잠재우고 흔들렸다.
"딸랑딸랑딸랑"
큰아빠 큰엄마의 얼굴이 하얗게 변했다. 큰아빠가 서서히 고개를 돌렸다. 딸랑이를 든 낭게가 큰아빠를 쏘아보았다.

큰아빠가 달려 나왔다.
"그 딸랑이…"
큰아빠는 낭게에게 돌진했다. 낭게는 딸랑이를 꼭 쥐었다.
"웅 웅"
낭게의 메아리가 거리에 퍼졌다.
큰아빠는 낭게가 들고 있는 딸랑이를 노려보았다.
"그거 어디서 났어? 어디서 났냐구?"
새빨개진 눈에서 빛이 번쩍였다.

큰아빠는 자동차로 달려가더니 도끼를 가져왔다. 낭게는 도끼를 보는 순간 뒷걸음질 쳤다. 다람쥐가 꼬리를 내렸다. 벌레들이 납작 엎드렸다. 벌들이 집으로 들어갔다.
낭게는 뒤돌아서 달리기 시작했다. 큰아빠가 악을 쓰며 쫓아왔다.
"거기 서!"
도끼가 허공에서 번쩍번쩍 춤을 추었다. 낭게가 갑자기 멈추었다. 큰아빠가 멈칫했다.

조용한 낭게의 목소리가 울렸다.

"모두 나와!"

다람쥐가 나왔다. 개미들이 나왔다. 벌레들이 나왔다. 벌들이 나왔다.

"이대로 안 되겠어."

"공격!"

다람쥐가 낭게의 몸을 위로 아래로 오르내리며 외쳤다.

"공격!"

"공격!"

"모두 돌진이다!"

개미들이 일제히 기어 나와 큰아빠의 몸으로 전진했다. 벌레들이 꿈틀꿈틀 성벽을 오르듯 큰아빠의 몸으로 기어올랐다. 마지막으로 벌들이
"돌격 돌격"
큰아빠에게 달려들었다.
"웅웅 붕붕"
시럽 속에 빠진 파리처럼 큰아빠가 몸부림쳤다. 금세 큰아빠의 온몸이 두둘두둘 두꺼비처럼, 부글부글 곰탕처럼, 불긋불긋 새빨갛게 부풀어 올라 불덩이를 삼킨 괴물처럼 날뛰었다.
"야 이 자식아."
사람들이 모여들었고 큰아빠의 도끼에서 쉭쉭 소리가 났다.

낭게는 두려움에 다시 달렸다. 바람 속에서 도끼가 허공을 갈랐다. 낭게가 외쳤다.
"안 되겠어. 머리, 아니 나뭇가지. 내 머리를 풀어헤쳐!"
다람쥐가 칡넝쿨로 꽁꽁 묶었던 낭게의 머리를 풀었다. 낭게가 샴푸 광고 하는 아가씨처럼 머리칼을 흔들었다.

"우두두… 우두두…"
도토리들이 우박처럼 쏟아졌다.
"떼구르르… 떼구르르…"
굴러간다, 굴러간다. 도토리 저 도토리….
큰아빠는 바퀴 위에 올라탄 만화 속 악당처럼, 꼬리에 불이 붙어버린 늑대처럼 도토리 위에서 허우적대다 그대로 넘어졌다.

"찰칵. 찰칵."
여기저기서 핸드폰 카메라 스위치가 터졌다. 동영상은 들불처럼 인터넷으로 퍼졌다.
원이 큰아빠와 큰엄마는 경찰에 체포되었다. 뉴스에는 모자를 푹 눌러쓰고 마스크를 한 큰아빠와 큰엄마가 하루 종일 나왔다.
"쯧쯧."
"어린 조카를 데려다 학교도 안 보내고… 먹을 것도 제대로 안 줬다는구먼."
"세상에…, 할머니 할아버지가 키울 땐 애가 그리 똑똑했다는데…."
TV 화면에는 활짝 웃는 원이와 죽기 몇 주 전 찍힌 바짝 마른 원이의 사진이 나왔다.

사건이 해결되고 할아버지 할머니 곁에 원이의 작은 무덤이 만들어졌다. 낭게는 원이의 무덤 옆으로 돌아왔다.
"다시는 널 혼자 두지 않을게."
낭게가 조용히 말했다.
"난 네 옆을 떠나지 않을 거야. 영원히 널 지켜줄 거야."
낭게는 깊이깊이 두 개의 다리를 땅속으로 밀어 넣었다. 다리는 뿌리가 되었다. 뿌리는 단단하게 땅속으로 퍼져 나갔다.

작가의 말

 아빠와 계모에 의해 죽어간 원영이의 맑은 얼굴이 지워지지 않았습니다. 아무것도 할 수 없는 이 시대의 어른인 나는 나무가 된 것처럼 땅속에 못 박힌 채 움직일 수 없었습니다. 그리고 어느 날 나무뿌리를 다리로 만들어서라도 달려가고 싶은 낭게의 심정으로 이 글을 쓰고 바칩니다.